Liebe Leserin, lieber Leser!

Bist du neugierig?
Gehst du gerne auf Abenteuerreise?
Mit diesem Buch laden wir dich ein,
Österreich und seine neun Bundesländer
zu entdecken.
Es erwarten dich erstaunliche Rekorde,
spannende Ausflugsziele, beeindruckende
Persönlichkeiten, typische Schmankerl
und vieles mehr.

Ein tolles Lese-Abenteuer wünschen dir

Susa Hämmerle u.
Brigitte Baldrian

G&G
Gut für Ihr Kind
Gut für die Umwelt
Farben auf Pflanzenölbasis
Lösungsmittelfreie Klebstoffe
Gedruckt auf FSC-Papier
Hergestellt in Europa

FSC www.fsc.org MIX Papier | Fördert gute Waldnutzung FSC® C043106

ISBN 978-3-7074-2144-6
4. Auflage 2024

Text: Susa Hämmerle
Illustration: Brigitte Baldrian
Druck und Bindung:
Grafisches Centrum Cuno GmbH & Co. KG

www.ggverlag.at

Susa Hämmerle

Mein Österreich-Buch

Bilder von
Brigitte Baldrian

Österreich

Steckbrief

- Was ich bin: das Land im Herzen Europas
- Geografische Besonderheit: Ich habe viele Berge und werde deshalb auch Alpenrepublik genannt.
- Wie ich früher hieß: Ostarrichi (= das Reich im Osten)
- Einwohnerzahl (Stand 2024): 9,2 Millionen
- Hauptstadt: Wien
- Höchster Berg: Großglockner (3.798 m)
- Meine zwei längsten Flüsse:
  Donau (entspringt in Deutschland)
  Enns (entspringt in Österreich)
- Größter See: Neusiedlersee
- Lieblingstier: der Bundesadler in meinem Wappen
- Mein Lieblingsspruch: „Alle neune!", denn ich habe 9 Bundesländer.

Avstrija
AUSTRIA
Rakousko
Ausztria
RAKÚSKO

Niederösterreich
Burgenland
Steiermark
Kärnten
Tirol
Vorarlberg
Salzburg
Oberösterreich
Wien

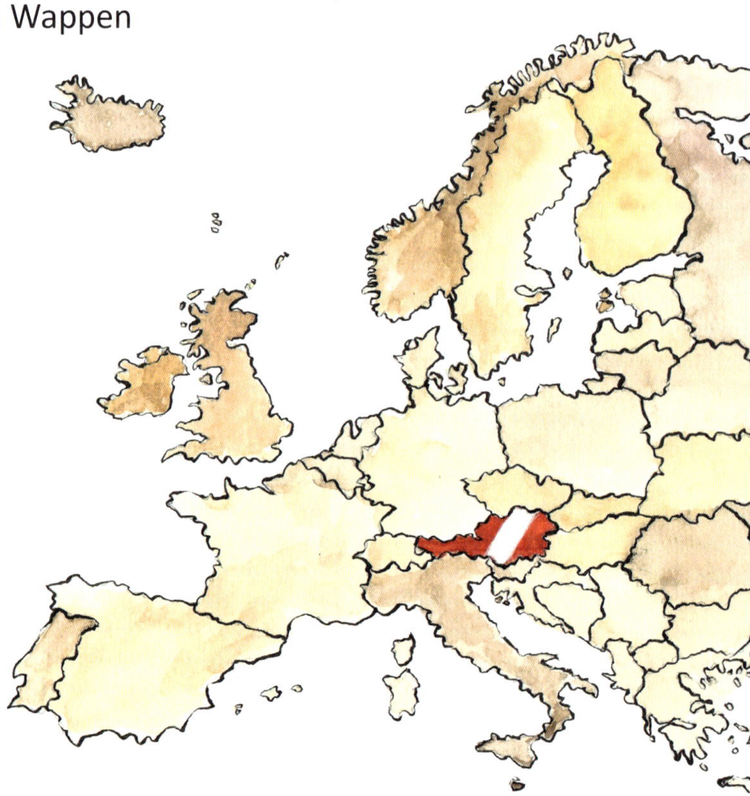

- Warum ich Preisausschreiben mag: Ich verdanke meine Hymne („Land der Berge“) einem Wettbewerb, der 1946 ausgerufen wurde und 1.800 Einsendungen bekam.
- Was mich mit dem Namen Habsburg verbindet: Über viele Jahrhunderte wurde ich von der Familie Habsburg regiert. Die bekanntesten Habsburger sind Kaiserin Maria Theresia (1717–1780) und Kaiser Franz Joseph I. (1830–1916).
- Meine dunkelste Zeit: Als ich zum nationalsozialistischen „Deutschen Reich“ gehörte.
- Der Glanzpunkt danach: 1945 wurde ich als Staat und Zweite Republik Österreich neugeboren. Mein Nationalfeiertag ist der 26. Oktober.

- Meine 8 Nachbarn sind: Deutschland, Tschechien, Slowakei, Ungarn, Slowenien, Italien, Schweiz, Liechtenstein

- Worauf ich stolz bin: Seit 1995 gehöre ich auch zur EU (= Europäische Union). Seit 2002 heißt meine Währung Euro.
- Meine bekanntesten Schmankerln: Wiener Schnitzel und Sachertorte

- Wofür man mich außerdem in aller Welt kennt: als Land der Musik mit dem „Donauwalzer“, den Wiener Sängerknaben und großen Komponisten wie Wolfgang Amadeus Mozart oder Joseph Haydn

Ihre Durchlaucht, die Frau Kaiser!

Weißt du, warum in Österreich jedes Kind zur Schule geht? Klar, um zu lernen. Das war aber nicht immer so. Kindern aus armen Familien blieb der Schulbesuch früher verwehrt. Bis Maria Theresia 1774 die Schulpflicht einführte.

Nicht nur deshalb ist sie die wohl bekannteste Kaiserin, die Österreich je regierte. So nebenbei sorgte sie auch für gepflasterte Straßen, förderte den Erdäpfel-Anbau in ländlichen Gebieten – und gebar und erzog 11 Töchter und 5 Söhne.

Rot-Weiß-Rot

Das sind die Farben der österreichischen Fahne.
Der Legende nach entstand sie so: 1191 kämpfte der Babenberger Herzog Leopold V. von Österreich im Heiligen Land. Er wurde verwundet, und sein Hemd war voller Blut. Nur in der Mitte, wo der Schwertgürtel saß, verblieb ein weißer Streifen. Das war die Geburtsstunde der National-flagge, die seit 1918 weltweit für Österreich steht.

Von A wie Anisbusserl bis Z wie Zwetschgenröster – wenn es in Österreich ums Essen geht, versteht ein ausländischer Gast oft nur Bahnhof. Das Einzige, was hierbei hilft, ist: kosten! Die resche Semmel mit der hausgemachten Marillenmarmelade. Das kruspelige Gselchte zum Erdäpfelpüree. Den flaumigen Kaiserschmarrn, die schlagobersbegupfte Palatschinke. Und spätestens beim Schwammerlgulasch (plus Paradeis-Salat!) wird der Gast verstehen: In Austria ist jede Speis „a echtes Schmankerl“ – egal, wie sie heißt!

Wiener Stadtjuwel

Rund drei Millionen Besucherinnen und Besucher zählt man pro Jahr im Schloss Schönbrunn. Damit ist die frühere Sommerresidenz der Habsburger Kaiser Österreichs Top-Sehenswürdigkeit. Von den 1.441 Räumen sind 45 zu besichtigen. Angeblich gibt es sogar ein Schlossgespenst! Wenn dich das zu sehr gruselt, bleibt ja immer noch der riesige Park. Ein besonders schöner Spaziergang führt zur Gloriette hinauf, wo einst Kaiserin Sisi frühstückte – und du (im heutigen Café) eine original Wiener Mehlspeise genießen kannst.

Zoorekord hoch 2

In Österreich gibt es über 85 Zoos. Zwei davon solltest du unbedingt besuchen. 1. (in Wien): den ältesten Tiergarten der Welt, Schönbrunn, der vor über 250 Jahren angelegt wurde. Und 2. (bei Innsbruck): den höchstgelegenen Alpenzoo Europas. Hier leben fast nur Tiere aus dem Alpenraum.

Glockenrekord

„Bumm, bumm!“, macht die Pummerin des Wiener Stephansdoms. Sie läutet in Österreich, als größte und mit 21.383 kg schwerste Glocke des Landes, das Neujahr ein – zu hören auch im Radio, jeden Silvester um Punkt null Uhr null.

Hol-la-di-oooh!

So schallt es manchmal in Österreichs Bergen. Die Gesangskunst ohne Text, bei der in rascher Folge zwischen Brust- und Kopfstimme gewechselt wird, nennt man Jodeln. Es ist in Österreich seit jeher Brauch. Früher diente es, um sich in der Abgeschiedenheit der Natur mit anderen zu verständigen oder das Vieh herbeizurufen. Heute kannst du von Vorarlberg bis Wien traditionelle Jodelfeste erleben, bei denen Lederhose und Dirndl natürlich Ehrensache sind.

Geburtstagsrekord

Kennst du die Lipizzaner? Genau, das sind die berühmten weißen Pferde, die in der Wiener Hofreitschule als „weißes Ballett“ Reit-Kunststücke zeigen. Eines der Pferde hatte 2019 seinen 40. Geburtstag (was 125 Menschenjahren entspricht!) – und somit war „Neapolitano Nima I.“ der älteste Lipizzaner der Welt.

Krawuzikapuzi!

Als das Fernsehen noch ganz neu war, gab es zwei ganz besondere Stars zu sehen: Kasperl und Pezi vom „Wiener Urania Puppentheater“. Ihre Abenteuer wurden jeden Mittwoch im Österreichischen Rundfunk (ORF) gezeigt. Es war die weltweit erste Fernsehsendung für Kinder. Bis heute bringen die beiden ihr Publikum zum Lachen: „Tri tra trallala, der Kasperl ist noch immer da!“

Landschaftsperlen

Liebst du Ausflüge in die Weiten der Natur? Mit Schneeschuhwanderung, Zipflbob, Naturforscherwerkstatt und Schautierfütterung? All dies können Kinder (und natürlich auch Erwachsene) in Österreichs 4 UNESCO-Biosphärenparks, 48 Naturparks und 6 Nationalparks erleben. Ob D wie Donau-Auen, G wie Gesäuse, H wie Hohe Tauern, K wie Kalkalpen, N wie Neusiedler See/Seewinkel oder T wie Thayatal – fast 30 Prozent der gesamten österreichischen Bundesfläche sind Naturschutzgebiet.

„Griaß eich ...

... ihr Madln und Buam!"
Diese Begrüßungsworte hörst du quer durch Österreich. Antworte besser nicht mit „Hallo!", denn das wäre einfach nicht „leiwand". Ein herzliches „Servas" hingegen freut deine Wirtin bestimmt – und ist ebenfalls urtypisch Österreichisch!

(Auflösung: leiwand = großartig, toll)

Wolkenkratzrekord

Seit 2014 kannst du in Wien einen echten Wolkenkratzer bewundern. Der gläserne DC Tower 1 ist mit seinen 60 Stockwerken, 29 Aufzügen, 2 Rolltreppen und stolzen 250 Metern Höhe das höchste Hochhaus in Österreich.

Niederösterreich

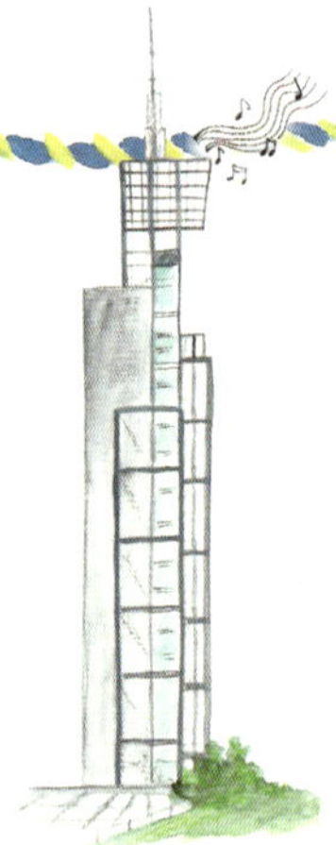

Steckbrief

- Was ich bin: Österreichs größtes Bundesland mit dem „weißen Fleck“ Wien
- Warum: Weil Wien früher meine Hauptstadt war.
- Hauptstadt seit 1986: St. Pölten, liegt am Fluss Traisen und hat den Klangturm als Wahrzeichen.
- Besonderheit: Ich bin in vier Viertel eingeteilt.
- Kleiner Merktrick: Sie verraten dir dem Namen nach, was typisch für sie ist.
- Längster Fluss: Donau
- Mein Lieblingszungenbrecher: Donaudampfschifffahrtsgesellschaftskapitänskajütentür

Der verkannte Künstler

Seine Bilder hängen in allen großen Museen der Welt. Geboren wurde der Maler Egon Schiele 1890 im Bahnhof von Tulln, wo sein Vater eine Dienstwohnung hatte. Zu Schieles Lebzeiten gefiel seine Kunst nur wenigen – und er musste sogar ins Gefängnis deswegen!

Lachsack

„Waun si de Anna zwuzlt“, dann weiß ein Niederösterreicher gleich: Die Anna zerkugelt sich vor Lachen!

Fassl-B(r)auch

Zu Ehren des Heiligen Leopold, Niederösterreichs Landespatron, gibt es in Klosterneuburg für Mutige jeden November einen lustigen Brauch: das angeblich Glück bringende „Fasslrutschen“!

Abenteuer x 4!

Bei vier Vierteln ist es schwer, nur einen Ausflug zu machen! Deshalb solltest du in Niederösterreich:

1. Eine Radtour entlang der Moststraße wagen.
2. Im Waldviertel das Geheimnis der Wackelsteine lüften.
3. Durch die romantischen Kellergassen des Weinviertels spazieren.
4. Nach Petronell-Carnuntum zu den alten Römern reisen, wo dich eine ausgegrabene Stadt plus „Heidentor“ erwarten.

Sagenhafte Rettung

Hoch über der Donau ragt die Ruine Dürnstein empor. Dort war einst der englische König Richard Löwenherz gefangen. Sein Diener Blondel suchte ihn, von Burg zu Burg. Er sang dabei ein altes Lied. Und endlich antwortete sein König, mit der zweiten Strophe, tief aus dem Verlies ...

In Niederösterreich findest du in vielen Orten eine Buschenschank. Dort kannst du dich mit einer Brettljause von Erdäpflkas über Verhackertes zu vielerlei Wurst und sonstigen Schmankerln durchessen – ein Genuss!

Bahnrekord

Im südlichen Zipfel teilt sich Niederösterreich mit der Steiermark einen unschlagbaren Rekord: die Semmeringbahn. Sie ist (erstmals 1853 von einer Dampflok befahren) die älteste Gebirgsbahn der Welt. Und wurde 1998 sogar zum Weltkulturerbe erklärt, wegen der wunderschönen, naturnahen Bauweise.

Burgenland

Steckbrief

- Was ich bin: das flachste und östlichste Bundesland Österreichs
- Besonderes Kennzeichen: Meine „Engstelle“ ist nur 4 km breit.
- Höchster Gipfel: Geschriebenstein (884 m)
- Längster Fluss: Leitha
- Hauptstadt: Eisenstadt, früher mit uneinnehmbarer (= eiserner) Festung, heute mit dem prächtigen Wahrzeichen Schloss Esterhazy.
- Mein liebster Ohrenschmaus: die vielen Musikfestivals, die Zuhörer aus aller Welt anlocken
- Was sonst noch typisch für mich ist: Weinberge, Weinfeste und überhaupt Wein

Der Geschichtenkönig

Kennst du „Koko und Kiri“? Nein? Dann musst du unbedingt nach Gols, wo dem Autor und Zeichner des gleichnamigen Bilderbuches ein Museum gewidmet ist. Erwin Moser hat über 100 wundersame Kinderbücher geschaffen, die vermutlich schon deine Eltern verzauberten!

Wenn du im Burgenland zu einer Hochzeit eingeladen bist, bekommst du ein „Bschoat-Pinkerl“ geschenkt. Es enthält pro Gast 1 Kilo köstlicher Kekse, gebacken nach alten Rezepten der Hochzeitsbäckerinnen.

„Tanz den Kroaten!“

Im Burgenland leben auch Roma, Ungarn und Kroaten („Krowodn“ genannt). Bei Festen spielen die Burgenlandkroaten auf der Tamburizza auf. Das Zupfinstrument fährt voll in die Beine!

Graugänse im Gespräch

„De Veigl mocha heint an Bahöl!“ (Burgenländisch) = Die Vögel machen heute einen Lärm!
„Nema problema!“ (Krowodisch) = Kein Problem!

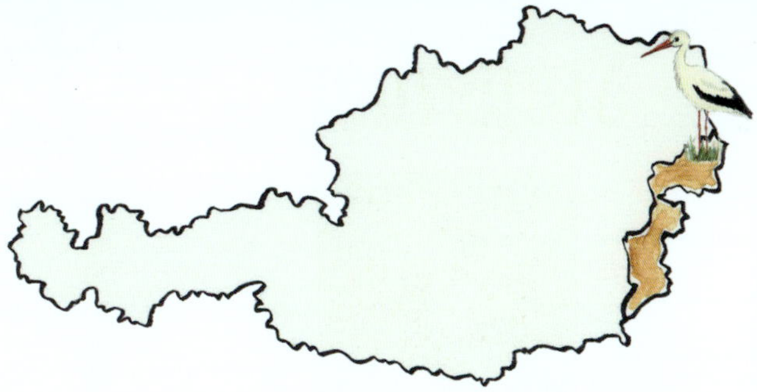

Ein wirklich schöner Winkel

Eine Lacke namens „Oberstinker“? Eine himmlisch schöne „Hölle“? Dazu noch 350 Vogelarten ... das und vieles mehr bietet dir ein Ausflug in den Nationalpark „Neusiedler See – Seewinkel“. Du musst nur noch deine Wanderschuhe anziehen und das Fernglas zücken – für einen erlebnisreichen Tag rund um den größten (Steppen)See des Burgenlandes.

Die Schlange von Güssing

Eine Sage aus dem Südburgenland erzählt von einem mutigen Kampf: Nur mit Mistgabeln bewaffnet besiegten zehn Hirten eine riesige Schlange, die täglich ein Schaf raubte und verschlang. Um das tote Ungeheuer aus seiner Höhle im Schlossberg wegzuschaffen, brauchte es einen Wagen mit vier Ochsen davor.

Sonnenrekord

300 Tage Sonnenschein im Jahr – das ist rot-weiß-roter Spitzenwert! Bedingt wird das Prachtwetter im Burgenland durch die aus Ungarn herüberreichende „Puszta“ (= Steppe). Dort kannst du stundenlang durch Gräser streifen und (mit etwas Glück!) einen der alten Ziehbrunnen entdecken.

Steiermark

Steckbrief

- Was ich bin: das zweitgrößte Bundesland Österreichs
- Namensgeberin: die Stadt Steyr (im heutigen Oberösterreich)
- Mein Beiname: Man nennt mich gern „die grüne Mark“, weil ich so viele Wälder habe.
- Hauptstadt: Graz. Das Wahrzeichen von Graz ist der Uhrturm mit den vertauschten Zeigern.
- Längster Fluss: die Mur, aus der sich in Graz die berühmte „Murinsel“ erhebt
- Geografische Besonderheit: In Bad Aussee liegt der Mittelpunkt von Österreich.
- Mein Lieblingstier: der feuerspeiende Panther in meinem Wappen

Steirisches Bauernrätsel

„Zerscht öis grean und nocha braun,
vorn Essn aufihaun.“
Kannst du diese
Original-Steirer-Dialektnuss
knacken? Bestimmt!
(Auflösung: Nuss)

Höhlenrekord

Die Lurgrotte Semriach nördlich von Graz ist die größte österreichische Tropfsteinhöhle mit dem größten freihängenden Tropfstein der Welt.

Tausendfache Blütenpracht

Im Frühling kannst du im Ausseerland ein duftiges Wunder bestaunen: das Narzissenfest. Es ist der größte Umzug Österreichs zu Land und zu See, in dem Blumen als kunstvoll gesteckte Figuren die Hauptrolle spielen.

Der steirische Prinz

In der Steiermark sind zahlreiche Straßen, Hotels, Museen und Schulen nach dem Habsburger Erzherzog Johann benannt. Er war beim Volk sehr beliebt und verbesserte vieles in der Technik und Landwirtschaft. Auch die steirische Tracht machte er weithin bekannt – denn er trug sie selber gern.

Die „Pyramide“ aus Erz

Der Sage nach fingen Bauern im Erzbach einst einen Wassermann. Um wieder freizukommen, bot er Gold für ein Jahr, Silber für zehn Jahre oder Eisen für immer an. Die Menschen wählten das Eisen, das nun schon seit 1000 Jahren im steirischen Erzberg abgebaut wird.

In der Steiermark gibt es eine Apfelstraße, wo die meisten österreichischen Äpfel herkommen. Berühmt ist auch das steirische Kürbiskernöl, genannt das „Schwarze Gold“.

Nervenkitzel am Dachstein

Willst du die „Treppe ins Nichts“ begehen? Und auf einer Platte aus Glas über dem Abgrund stehen? Dann fahre mit der Gletscherbahn bis hinauf zu Bergstation und erlebe eines der größten Abenteuer, das die Steiermark zu bieten hat: den „Sky Walk“ am Dachstein. Die Aussicht über die Alpen ist atemberaubend – und ein verdienter Preis für deinen Mut!

Kärnten

„Erklär mir, Liebe“
So heißt eines von Ingeborg Bachmanns Gedichten. Sie wurde erst nach ihrem Tod (1973) zu Kärntens berühmtester Dichterin. Ihr zu Ehren findet alljährlich ein Wettlesen in Klagenfurt statt, wo dem Gewinner oder der Gewinnerin ein sattes Preisgeld winkt.

Steckbrief

- Was ich bin: das Land mit den vielen Bergen und Seen im Süden von Österreich
- Höchster Berg (und gleichzeitig Österreichs Gipfelrekord): Großglockner (3.798 m)
- Längster Fluss: Drau
- Lieblingstier: der Lindwurm. Er ist das Wahrzeichen meiner Hauptstadt Klagenfurt.
- Sonstige tierische Besonderheiten: das Kärntner Brillenschaf und die Kärntner Carnica-Biene
- Mein Mega-Stolz: die Mini-Bauwerke aus aller Welt im Erlebnispark „Minimundus“
- Was mir auch sehr gefällt: Wenn die Almrauschblüte meine Wandergebiete rosarot färbt.

Rätselhaftes Gespräch
Kärntner Wirtin: „Brauchts Untatassalan? Oda tans de Schalalan alaan aa?“
Deine Antwort: „Hä?“
Auflösung: Klar kannst du das Kompott direkt aus der Schale löffeln, da braucht es keine Untertasse dazu!

Lei-Lei!
Wenn du in Villach diesen Ruf hörst, folge ihm! Er führt dich mitten hinein in ein närrisches Treiben, das man den „Villacher Fasching“ nennt. Der traditionelle Umzug mit dem Prinzenpaar und die lustigen Reden werden auch im Fernsehen übertragen.

1.270 mal „Platsch!“
Kärnten hält in Österreich den Seen-Rekord und wird deshalb auch das „Land des Wassers“ genannt. Ob Wörthersee (der größte) oder Millstättersee (der tiefste) – für dich bedeutet das in (fast) jedem Fall: „bachlwarmer“ Badespaß!

Die Sage von Klagenfurt
Ein Lindwurm fraß in sumpfiger Vorzeit sämtliches Vieh. Also bohrten die Bauern einem Stier Widerhaken in die Hörner. Der Lindwurm biss sich darin fest und starb. Das war die Geburtsstunde von Klagenfurt, wo das Denkmal des Lindwurm-Brunnens noch heute daran erinnert.

Außen kerniger Nudelteig und innen minzige Fülle – das sind Kärntens berühmte Kasnudeln. Du solltest sie unbedingt probieren, es sei denn, du magst keinen Topfen, äh, Kas!

Durch 14 Tore ...
... musst du gehn, um Kärntens größte Burg zu sehn – von innen nämlich. Die Tore und fünf Zugbrücken ließ der Burgherr von Hochosterwitz als Schutz vor den Türkenangriffen errichten. Nach dem steilen Fußweg hinauf erwartet dich in Österreichs Traumburg eine spannende Führung in die Welt der Ritter, samt Waffenkammer und Zwinger (= Kerker).

Tirol

Steckbrief

- Was ich bin: das langgezogene Bundesland mit den hohen Bergen und engen Tälern
- Lieblingstier: das „Murmele“
- Geografische Besonderheit: Ich bin zweigeteilt. Das kleinere Osttirol ist von „Haupt-Tirol“ aus nicht zu erreichen.
- Längster Fluss: Inn
- Größter See: Achensee
- Volkskundliche Weltsensation: 1991 wurde in den Ötztaler Alpen (schon auf italienischem Gebiet) die 5.300 Jahre alte Gletschermumie „Ötzi“ gefunden.
- Lieblingszahl: 2.657 So viele vergoldete Schindeln hat das Wahrzeichen meiner Hauptstadt Innsbruck, das „Goldene Dachl“.

Schwammerlglück

Für Nicht-Tiroler: Hanna aus dem Zillertal findet es großartig, dass sie so viele Pilze findet!

„Ade, mein Land Tirol!“

So endet die Tiroler Bundeshymne. Besungen wird darin der Freiheitskämpfer Andreas Hofer, der nach einem Volksaufstand 1810 in Mantua (heute Italien) hingerichtet wurde. Für die Tiroler ist der frühere Wirt und Pferdehändler noch heute ein großer Held, dem Straßen, Plätze und Denkmäler gewidmet sind.

Herrlich, steiler, am höchsten!

Wo es so viele Alpen gibt, lässt sich herrlich Skifahren. Oder Skispringen. Und zwar beides rekordhaft! Als steilste und gefährlichste Skiabfahrt der Welt gilt die sogenannte „Mausefalle“ am Hahnenkamm in Kitzbühel. Und die höchste und berühmteste Sprungschanze Tirols ist die Bergisel-Schanze bei Innsbruck mit ihrer gläsernen Aussichtsplattform.

Ab in den Stall ...

... heißt es im Herbst für rund 180.000 Rinder, Schafe, Pferde und Ziegen. Der Brauch des Almabtriebs, bei dem das Vieh von seinem Sommerquartier, den saftigen Almen, zurückgeführt wird, ist in Tirol vielerorts ein farbenfrohes Fest.

„Mogsch vom Schpeck?“ Diese Frage hörst du in Tirol schon beim Frühstück. Und dann geht es weiter: Ob in der Suppe, im Knödel, im Gröstl – ja sogar im Gugelhupf ... Speck ist aus der Tiroler Küche nicht wegzudenken.

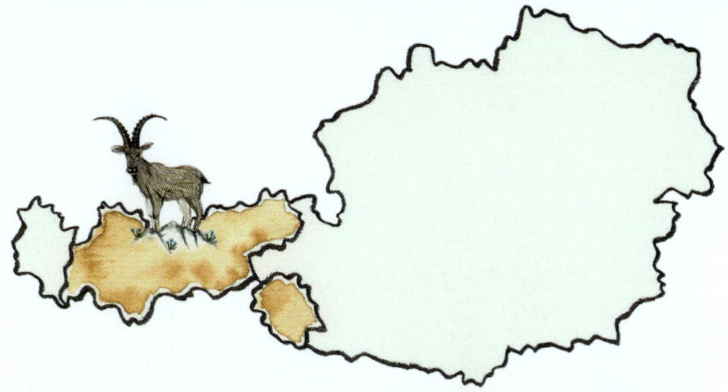

G’sundheit!

Viele Tiroler Sagen erzählen von Riesen. Einer, schon steinalt, schlief einmal im Gnadenwald. Da fuhr ein Knecht daher und sah vor sich zwei unbekannte Stollen. Trotzdem trieb er die Ochsen in den linken hinein, denn die Richtung heimwärts stimmte. Und plötzlich – „Hatschi!“ – wurde das Gespann samt Knecht herausgeschleudert, denn in das Nasenloch eines Riesen fährt man besser nicht!

Das Wanderparadies

Mehr als 2.000 Dreitausender-Gipfel – rund um dich herum! Das kannst du bei einem Ausflug nach Osttirol erleben, wo das Herzstück des Nationalparks Hohe Tauern liegt. Und bestimmt wirst du hier tagelang wandern, von Alm zu Gletscher zu Berghütte; von Gämse zu Adler zu „Murmele“.

Vorarlberg

Steckbrief

- Was ich bin: das gebirgige „Ländle“ im Westen von Österreich
- Namensgeber: der Arlberg, auch als „Wiege“ des alpinen Skilaufs bekannt
- Mein Spitzname: Gsiberg
- Höchster Berg: Piz Buin (3.312 m)
- Tiefstes Wasser: Bodensee
- Längster Fluss: Alpenrhein
- Worauf ich stolz bin: Das Wahrzeichen meiner Hauptstadt Bregenz, der Martinsturm, hat die größte „Dachzwiebel“ Mitteleuropas.
- Was mir außerdem gefällt: die kostbaren Trachten, die meine Bewohnerinnen an Festtagen tragen

Begrüßung auf Vorarlbergerisch

Genau nichts verstanden? Die Übersetzung geht ungefähr so: „Hallo, bist du auch da?“ „Ja, ja, man muss ein bisschen (hinaus)!“

Stufenrekord

Schnauf! 700 Meter auf 3.609 Stufen steil bergauf! Einst als Transportweg für den Kraftwerksbau errichtet, gilt die „Europatreppe 4.000“ im Montafon heute als größtes Fitnessgerät der Welt.

Brauch mit Rauch

Alljährlich am „Funko-Sonntag“ (nach dem Aschermittwoch) brennt es in ganz Vorarlberg: Der uralte Brauch, bei dem riesige Holzstöße mit obenauf der Funkenhexe angezündet werden, hat den Sinn, den Winter auszutreiben.

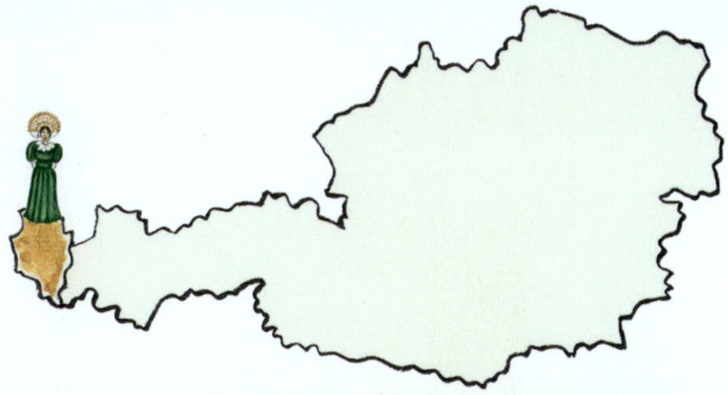

Der „Vater“ aus Vorarlberg

Hermann Gmeiner wurde als Bergbauernbub in Alberschwende geboren und verlor schon früh die Mutter. Diese Erfahrung ließ ihn 1949 für Kriegswaisen das erste SOS-Kinderdorf bauen – eine Idee, die heute Tausenden elternlosen Kindern rund um die Welt ein geborgenes Zuhause schenkt.

Wenn du original „gsibergisch“ essen willst, kommst du an Käse nicht vorbei. Besonders berühmt ist der Bregenzerwälder Bergkäse, der in Gerichten wie „Käsknöpfle“ oder „Käsfladen“ herrlich würzige Fäden zieht.

Reichtum aus dem Suppentopf

Viele Sagen aus Vorarlberg erzählen von boshaften Hausgeistern. So streute etwa das Walsermännle Pferdemist in die Suppe. Ein Kind der Familie sah das zufällig – und weil es den Kobold nicht verriet, wurden die Rossknödel zu Gold.

Vom See zum Berg

Was liebst du mehr: See- oder Bergblick? In Bregenz kannst du beides haben. Zuerst besuchst du die berühmte Seebühne, wo jeden Sommer Opern oder Musicals aufgeführt werden. Dann fährst du per Seilbahn hinauf auf den Bregenzer Hausberg, den Pfänder. Dort erwarten dich ein Wildpark und verzweigte Wanderwege – oder einfach nur der atemberaubende Ausblick weit über den Bodensee.

Salzburg

Steckbrief

- Was ich bin: Österreichs „mittiges“ Bundesland mit der gleichnamigen Hauptstadt
- Mein Namensgeber: das Salz (auch „Weißes Gold“ genannt), das früher in mir abgebaut wurde
- Höchster Berg: Großvenediger (3.657 m)
- Größter See: Wolfgangsee
- Längster Fluss: Salzach
- Wahrzeichen meiner Hauptstadt: die stolze Festung Hohensalzburg
- Mein Highlight im Sommer: die berühmten Festspiele mit dem noch berühmteren „Jedermann“
- Was man mir (leider) nachsagt: dass ich den Föhn und den Schnürlregen erfunden hätte

Das Wunderkind

Er spielte schon Klavier, als er kaum an die Tasten reichte. Insgesamt schuf Wolfgang Amadeus Mozart 626 Musikwerke. Dazu verbrauchte er acht Kilometer Notenpapier! Sein Geburtshaus in der Salzburger Getreidegasse ist eines der meistbesuchten Museen der Welt.

Mozart-Fan

Vielleicht hört der junge Mann aus Salzburg-Stadt ja gerade „Die Zauberflöte“ oder „Eine kleine Nachtmusik“. Auf jeden Fall gefällt ihm Mozarts Musik megamäßig gut!

Salzburger Goldrausch

Gold ist in Salzburg nicht immer weiß! Wenn du einen Ausflug „hinunter“ nach Rauris machst, kannst du mit etwas Glück auch ein gelbes Körnchen davon finden. Fast wie in alter Goldschürfer-Zeit – mit stundenlangem Stehen und siebenmal Sieben in einem wadenkalten Bach.

Tosender Wasserrekord

Willst du dich hautnah mit dem Sprühregen von 40.000 Litern Wasser pro Sekunde „waschen“ lassen? Diese einmalige Gelegenheit bekommst du im südwestlichen Zipfel von Salzburg, beim Besuch der Krimmler Wasserfälle. Sie sind, mit 385 Metern Gesamtfallhöhe, die höchsten Wasserfälle in Europa.

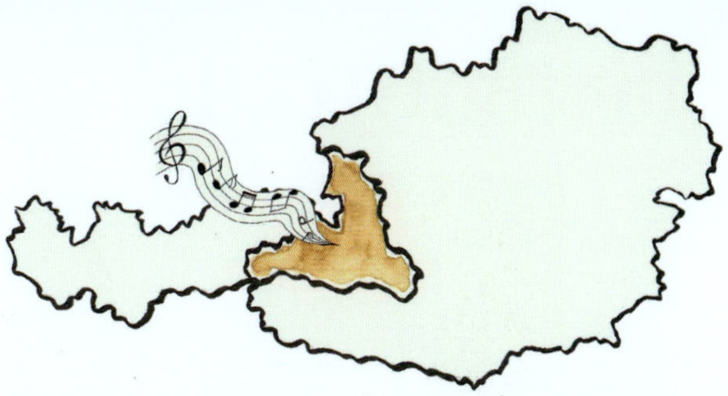

Ein Stier als Chamäleon

Einst wurde die Festung Hohensalzburg belagert. Halb verhungert malten die Eingeschlossenen ihren letzten Stier mehrmals verschiedenfarbig an und zeigten ihn auf dem Burgwall. Da glaubte der Feind, es gäbe noch genügend Schlachtvieh und zog ab. Die Salzburger aber wuschen den Stier wieder weiß – was ihnen bis heute den Spitznamen „die Stierwascher“ eingetragen hat.

Der Samson kommt!

Du hörst den Ruf, und dann ... das gibt’s doch nicht: Da schreitet ein Riese daher, begleitet von zwei Zwergen. Willkommen im Lungau, bei einem typischen Brauchtumsumzug! Die Figur des Riesen Samson ist bis zu 80 Kilo schwer – und somit echte Schwerarbeit für den (fast unsichtbaren) Träger.

Salzburgs frühere Herrscher, die Erzbischöfe, aßen gern und gut. Für einen von ihnen wurde (angeblich) sogar ein heute weltbekanntes Gericht erfunden: die Salzburger Nockerl. Sie sehen aus wie verschneite Berge und schmecken himmlisch-süß!

Oberösterreich

Steckbrief

- Was ich bin: Österreichs viertgrößtes Bundesland
- Meine Markenzeichen: viel Industrie und (im Innviertel) geflecktes Vieh
- Höchster Berg: Hoher Dachstein (2.995 m)
- Wichtigste Flüsse: Donau, Enns, Traun, Inn
- Wie ich früher hieß: „Land ob der Enns“
- Der Grund: Man unterschied mich so von Niederösterreich, dem Land „unter der Enns“.
- Mein Lieblingsspruch: „In Linz beginnt's“
- Warum: Weil Linz mit dem spannenden Kunstmuseum Lentos meine Hauptstadt ist!

Glocken fürs Glück

Um die Geister der letzten Raunacht zu vertreiben, finden am 5. Jänner in Oberösterreich vielerorts Umzüge statt. Die „Glöckler“, weiße Gestalten mit Schellengurten und bunten Lichterkappen, sind sogenannte „Schönperchten“ und läuten für Glück und Gesundheit im neuen Jahr.

Die müde Nachteule

Was Jakob da zu Luisa sagt, heißt, sie war wohl zu lange auf. (Auflösung: dramhappert = verschlafen, goi = gell)

Salz- & Grusel-Rekord

Das kleine Hallstatt am gleichnamigen See ist ein Dorf der Rekorde. 1. kannst du dort Österreichs einziges Beinhaus mit bemalten Totenköpfen besuchen; 2. im ältesten Salzbergwerk der Welt über 3. die zweitlängste Bergmannsrutsche Europas sausen. Kleiner Zusatzrekord: Vielleicht fährst du hier erstmals mit einem „Grubenhunt“, einer Art Bahn, die dich wieder tagwärts bringt.

Gipfelstürmerin

Sie wollte schon als Kind hoch hinaus. Heute ist die 1970 im Traunviertel geborene Gerlinde Kaltenbrunner die erfolgreichste Bergsteigerin der Welt. Sie hat als erste Frau alle 14 Achttausender bezwungen – ohne zusätzliche Mitnahme von Sauerstoff.

Bist du ein Knödel-Fan? Dann ist Oberösterreich dein Schlaraffenland! Von sauer bis süß, von Fleisch bis Gemüse, von der Beilage bis zur Hauptspeise – es gibt kaum ein Menü, bei dem du nicht ausgiebig „knödeln“ kannst.

Die dankbare Donaunixe

Im Strudengau, dem einst gefährlichsten Flussstück der Donau, sonnten sich auf Felsen manchmal Nixen. Eine von ihnen wurde von vorbeifahrenden Burschen verspottet. Da kam ihr ein Fischer zu Hilfe, der die Grobiane vertrieb. Viele Jahre später geriet der Fischer bei einem Sturm in Lebensgefahr – und wurde auf wundersame Weise von der Nixe gerettet.

Von See zu See

Oberösterreich teilt sich mit Salzburg und der Steiermark ein wahres Juwel: das Salzkammergut. Du findest dort fast alle Seen des Bundeslandes: den Mondsee (den wärmsten), den Traunsee (den tiefsten), den Hallstätter See (den verwunschensten). Am Attersee (dem größten) lässt sich dein See-Hopping-Ausflug perfekt beschließen: mit einem Schnuppertauchen in der Kindertauchschule.

Wien

Steckbrief

- Was ich bin: Österreichs kleinstes Bundesland mit den meisten Einwohnern
- Geografische Besonderheit: Ich bin zugleich die Hauptstadt von Österreich.
- Höchster Berg: Hermannskogel (543 m plus 27 m Aussichtswarte darauf)
- Größte Insel: die künstlich angelegte Donauinsel mit 42 km Strand
- Lieblingszahl: 23 – die Anzahl meiner Bezirke
- Lieblingsstraße: Der Wiener „Ring". Er umschließt – mit vielen prächtigen Gebäuden – den 1. Bezirk (= Innere Stadt).
- Wahrzeichen: das Riesenrad im Vergnügungspark Wurstelprater
- Worauf ich stolz bin: dass früher in meinen Schlössern Kaiserinnen und Kaiser wohnten.

Von Wien in die Welt

Es war ungeheuerlich: Eine Frau in Hosen, die alleine Weltreisen unternahm! Und dabei die Natur studierte und Bücher schrieb.
Ida Pfeiffer, 1797 in Wien geboren, gilt als Vorbild für die Gleichberechtigung von Mann und Frau. Einige ihrer Fundstücke, zum Beispiel eine Garnelenart aus Borneo, befinden sich in der Sammlung des Naturhistorischen Museums.

Gern und viel „gestrudelt" hat schon Kaiserin Maria Theresia.
Ob Topfen-, Apfel- oder Milchrahmstrudel – in Wiens berühmten Kaffeehäusern kannst du sie gäbelchenweise verspeisen.

Turmrekord

Du hast den Kopf tief im Nacken, wenn du hinaufschaust, zur Spitze des Steffls. Der sogenannte Südturm des Stephansdoms ist mit 136 Metern der höchste Kirchturm Österreichs.

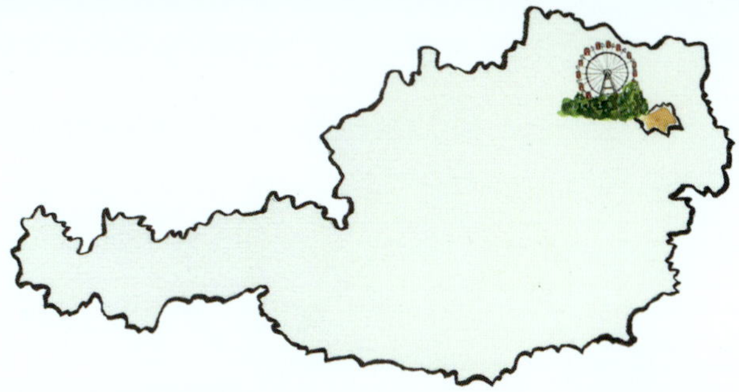

Alle Jahre wieder ...

... kommt das „Christkindl“ nach Wien!
Der traditionelle Christkindlmarkt am Rathausplatz lockt mit vielen Buden und Düften – und einem der höchsten Christbäume Österreichs, der alljährlich aus einem anderen Bundesland stammt.

„Oh, du lieber Augustin ...

... alles ist hin!“ – Kennst du das Lied? In Wien gibt es eine gruselige Sage dazu: Während der Pest-Seuche lebte der Dudelsackspieler Augustin.
Er landete einmal betrunken in einer Grube, wohinein man all die Toten warf. Wie durch ein Wunder steckte sich Augustin nicht an! Er sang noch viele Jahre weiter; und im 7. Bezirk kannst du auf einem Brunnen sein Denkmal entdecken.

Würstelschmaus

Ohne Würstelstand
wäre Wien nicht Wien.
Die Würstelbraterin fragt hier auf Ur-Wienerisch:
„Wollt ihr eine Burenwurst oder seid ihr heiß auf eine Blutwurst?“

Der Traum aller Naschkatzen

Willst du Granatäpfel und türkischen Honig kosten? Oder Wiener Gurken und indisches Brot? All das und 1000 Köstlichkeiten mehr bietet dir die kulinarische Sehenswürdigkeit Wiens, der berühmte Naschmarkt. Kleiner Tipp, falls du auch nicht essbare Schätze liebst: Jeden Samstag findet gleich nebenan ein großer Flohmarkt statt.

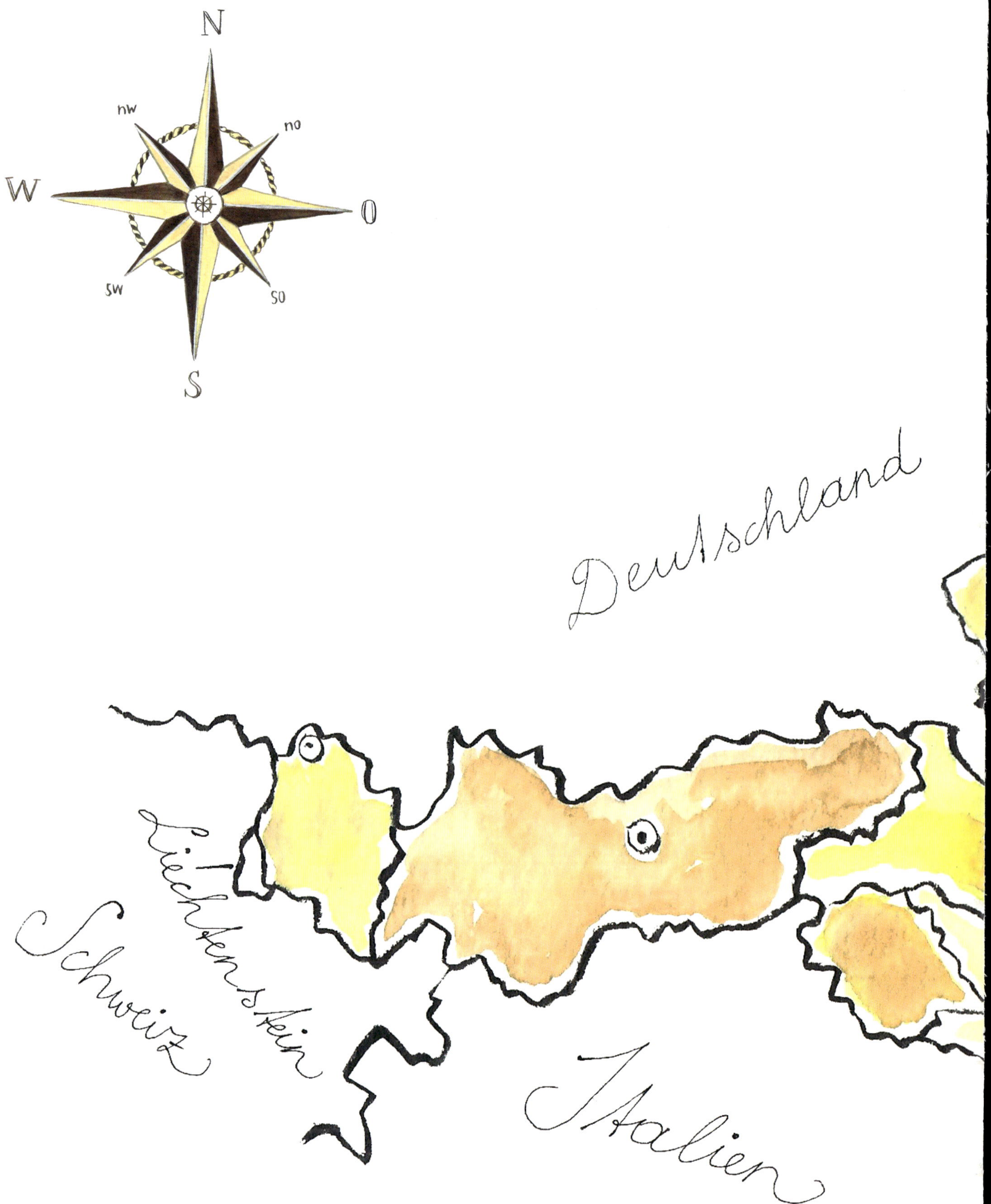
N
nw
no
W
O
sw
so
S
Deutschland
Liechtenstein
Schweiz
Italien